ゼロからわかる「技の教科書」

小学生のための
スケートボード

ベースボール・マガジン社／編集
西川 隆（ナショナルチームヘッドコーチ）／監修

ベースボール・マガジン社

バランス感覚が大事

楽しみ方は無限大

はじめに

スケートボードにはどんなイメージがあるでしょうか。街中をスイスイ走る乗り物? それとも、大きなU字型のパイプを跳ぶ競技? そのどちらも、スケートボードを使ってできることの一部です。簡単に乗りこなせるように見えますが、実際にはとても難しく奥深いもの。だからこそ、技が決まると楽しさが倍増します。最初はうまくいかないことが多いでしょう。しかし、たくさん練習すれば、バランス感覚が養われ、必ず上手になっていきます。この本では、基礎をしっかり押さえながら、上達のコツやポイントを紹介しています。かっこいい"ライダー"を目指して、スケートボードを楽しみましょう。

もくじ

はじめに …………………………………… 7
本書の使い方 ……………………………… 10

Part 1 スケートボードをはじめよう

スケートボードのいいところ　12
スケートボードいまむかし　14
競技について …………………… 16
スケートボードの仕組み ……… 18
どんな種類を選べばいいの？… 20

自分に合ったボードを選ぼう… 22
安全に乗るために ……………… 24
楽しく乗るためのルール ……… 26
こんなときどうする？ ………… 28

振り返り 宝探しアドベンチャー1 ………………………………… 30
◉コラム「見えない筋肉!?」 ………………………………………… 32

Part 2 乗ってみよう

準備運動はしっかりと ………… 34
スタンスを知ろう ……………… 40
立ってみよう …………………… 44
左右に揺らしてみよう ………… 46
前後に倒してみよう …………… 48

進んでみよう …………………… 50
止まってみよう ………………… 56
上手な転び方 …………………… 60
かっこよくボードを持とう … 62

振り返り 宝探しアドベンチャー2 ………………………………… 64
◉コラム「重心の意識が成功への近道」 …………………………… 66

Part 3 いろいろなトリックに挑戦

バックサイドターン …………… 68
フロントサイドターン ……… 70
連続でターンしよう …………… 72
テールを踏んでノーズを上げよう 74

キックターン …………………… 76
チックタック …………………… 78
テールマニュアル ……………… 82
パワースライド ………………… 84

振り返り 宝探しアドベンチャー3 ………………………… 86
◎コラム「スケートボードは理科？」…………………… 88

Part 4 オーリーにチャレンジ！

オーリーとは？ …………… 90
オーリーのポイント ……… 92
止まってオーリー ………… 94

つかまってオーリー ……… 96
その場でオーリー ………… 98
オーリー上達のコツ ……… 100

振り返り 宝探しアドベンチャー4 ………………………… 102
◎コラム「メイクとは？」……………………………… 104

Part 5 もっと楽しもう！

スケートパークってなあに？ 106
スケートパークの設備 …… 108
段差を下りてみよう ……… 110
バンクに挑戦 ……………… 112

バンクでターン …………… 116
スゴ技にチャレンジ
　フロントサイド180 … 118
　ショービット …………… 120
　キックフリップ ………… 122

監修者とモデルの紹介 …………… 124
おわりに ………………………… 125
五十音順さくいん ……………… 126

本書の使い方

スケートボードの乗り方やトリック（技）を解説しています。難易度が低いものから順に説明しているので、最初から順番に練習していけば、上達が早くなります。写真を見ながら、どう動けばいいかを確認してみましょう。上達のコツやポイントも参考にしてください。

テーマ
そのページで取り組む内容を紹介しています。

タイトル
伝えたいポイントやトリックの名前が書いてあります。

ポイントの解説
特に大切なことを4つに分けて書いてあります。

 ワンポイント
特に意識してほしいポイントを解説。注目してみよう。

 上達のコツ
上手になるための練習方法やワンランク上の課題などを紹介している。

 もっと知ろう！
より深く知るための情報を紹介している。もっと詳しくなろう。

 NGポイント
これはやっちゃダメということが書いてある。必ず守ろう。

 調べてみようマーク
スケートボードの仕組みや歴史に興味を持ったら、自分でもう一度、詳しく調べてみよう。

保護者の方へ
危険を伴う動き、注意したいこと、手助けするポイントなど、保護者の方へのメッセージです。

Part

1

スケートボードを
はじめよう

まずは、スケートボードがどんなものなのかを理解しましょう。歴史や競技、その仕組みやパーツなどについて知っておいてください。安全に乗るためのルールもしっかり覚えましょう。

1 スケートボードのいいところ

バランス感覚が上達のコツ。
体幹がきたえられ集中力もアップ

手軽にはじめられる

　2020年東京オリンピックの正式種目になったスケートボード。スピードを出してすべるだけではなく、高く跳んだり、段差を下りたり、ボードを回したりと、いろいろな技が楽しめる。用意するものは、スケートボード本体とヘルメットなどのプロテクターだけ。あとはスケートボードOKの場所なら、どこでも気軽に楽しめるスポーツだ。

いちばん大切なのは
「バランス感覚」

　最初は上にまっすぐ立つだけでグラグラするし、すべることも難しいと感じるだろう。そこで一番重要になってくるのがバランス感覚。重心を意識して上手に体重移動することで、いろいろなトリックができるようになり、体幹がきたえられていく。体幹とは体を支える最も大切な部分。腹筋や背筋など、体の軸と呼ばれるところだ。ここをきたえることで普段の姿勢もよくなり、転びにくくなる。

Part 1 スケートボードをはじめよう

1枚の板(デッキ)に4つの車輪がついたスケートボード。最初はバランスをとるだけでも難しいが、根気よく練習すれば、体幹がきたえられて、難しいトリックもできるようになる。

集中力が高まる

難しいトリックになればなるほど、一瞬の動作が増える。例えばショービット(120ページ)は、ジャンプをしながらボードだけを半回転させる技。重心の位置から、足の動かし方、上半身の向き、着地の方向などを一瞬で判断しなければならない。また、技を完成させるためには練習が欠かせないため、自然と集中力が身についていく。集中力が乱れるとケガをしやすくなるので、集中力をつけることはとても重要だ。

ひとりでも 誰かと一緒でも

スケートボードは基本的に個人技。しかし、みんなで練習すると、楽しみが倍増する。例えば、練習中にどこができていなかったかを人にチェックしてもらうと上達が早く、見てもらうことがやる気にもつながっていく。たくさんの技ができるようになったら、自分だけのルーティン(技を連続で組み合わせること)を完成させて、友達や家族などに披露してみよう。

13

2 スケートボードいまむかし

はじまりはアメリカ西海岸。
ブームから文化・スポーツへ

調べてみよう

1950年代

ルーツはアメリカ西海岸のカリフォルニア州ではじまった遊び

スケートボードのはじまりについてはいろいろな説があるが、1950年代にアメリカ西海岸のカリフォルニア州で、木の板に鉄製の車輪をつけてすべった遊びが最初といわれている。その数年後に木製チップとゴム製のウィール(タイヤ)がついたおもちゃ「ローラーサーフィン」が発売され、それが現在のスケートボードの原型とされている。

左は1970年代、右は1960年代のスケートボード。

1970〜80年代

アクションスポーツとして確立

日本にスケートボードがやってきたのは1970年代。雑誌に紹介されたことをきっかけに、若者たちの間で広まった。かっこいい技を繰り広げる国内外のヒーローに注目が集まり、そのブームとともに、日本各地にさまざまなスケートパークがつくられた。1980年代に入るとスノーボードブームの到来やサーフィン選手の活躍もあり、板の上で体を横にして、顔を進む方向に向ける「横乗り文化」「アクションスポーツ」という新しいカテゴリーが誕生し、発展していった。

1970年前後に活躍したレジェンドスケーター、スティーブ・オルソン。

14

オリンピック競技にもなったスケートボードは、いつどこで生まれて、どんなふうに広まったのだろう。スケートボードをはじめる前に、その歴史にふれてみよう。

Part 1
スケートボードをはじめよう

1990年代
カルチャーとして若者に広まる

1990年代になるとスケートボードの技はどんどん複雑になり、道具やシューズの種類も豊富になった。ファッション雑誌で取り上げられたのをきっかけに、音楽とのコラボレーションも盛んになり、新しいカルチャー（文化）として若者たちを中心に広がった。その後、当時の中心選手たちが協力し合い、競技会のほかさまざまなイベントを開催。その影響によって、それまで一時的なブームだったスケートボードが、文化・スポーツとして日本人に浸透した。

1970年代から続く「SANTA CRUZ」（右端）、映画になった街で誕生した「DOG TOWN」（中央）、今勢いのある「GIRL」（左）。どれもカリフォルニア発のブランドだ。

現在
親子で気軽に楽しもう

日本では、1970年代から少しずつ若者に広まっていったスケートボード。みんなのお父さんやお母さんの中にも、若いころにスケートボードに夢中になった人がいるかもしれない。最近では公共のスケートパークも日本各地に増え始めており、子どもだけではなく、親子で楽しめるスポーツとして人気が高まっている。

15

3 競技について

コースによって「ストリート」と「パーク」がある

調べてみよう

競技としてのスケートボード

　コースによって「ストリート」と「パーク」と分けられているが、この技は「ストリート」、これは「パーク」だけ、といった決まりはない。普段練習するときは、まずは平らなところで技を磨いていこう。得意なトリックができるようになれば、自分のスタイルが決まってくるだろう。ここでは、スケートボード競技としてのコースの違いを中心に紹介していく。

ここに注目！

「ストリート」も「パーク」も基本的に自由演技。決められた時間のなかで、技の難しさ、スピード、高さ、組み合わせなどによって、総合的に評価される。どちらも技の難しさ、メイク率（成功率）、ルーティン、オリジナリティなどが評価される採点競技だ。同じ技でも、披露する順番や完成度などによって点数が変わる。

Part 1 スケートボードをはじめよう

オリンピックで行われる種目は2つ。街の中のようなコースで技を競う「ストリート」と、さまざまなくぼ地状のコースで技を競う「パーク」。どちらも個人競技で、男女別で行われる。

ストリート

街中にあるような坂道や縁石、階段や手すりなどを再現した、直線的なセクション（専用の障害物（108ページ））が配置されたコース。選手はセクションを使いながら、さまざまなトリックを繰り出していく。各セクションへの乗り方やすべり方に注目が集まり、見ている人たちが驚くようなテクニックを成功させるのが最大の見どころだ。

パーク

大きなお皿やお椀をいくつも組み合わせたような、複雑な形のくぼ地状のコース。直線的なセクションが多いストリートに対し、曲線的な形状が特徴。くぼ地の底から曲面の斜面にかけては、とても急で、上部はほぼ垂直になっている。一気に駆け上がって空中へ跳び出すトリックが中心となる。宙を舞いながら複雑なトリックをいかにかっこよく披露できるかに注目だ。

17

4 スケートボードの仕組み

スケートボードのパーツの名称を知ろう

デッキ ベースとなるデッキは硬い木材の合板が使われている。

ノーズ
デッキの前方のこと。ビス穴からの距離がテールよりも若干長くなっている。

テール
デッキの後方のこと。グラフィック(デッキの裏の絵)のデザインは上がノーズで下がテールの場合が多いので、裏を見ると前後がわかりやすい。

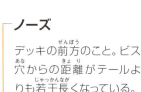

① グリップテープ
② ビス

ワイズ(幅) デッキの幅のこと。

レングス デッキ全体の長さのこと。

ボトム 前後のビスの間の平らな部分。

③ トラック

④ ホイルベース
⑤ ウィール
⑥ ベアリング

Part 1 スケートボードをはじめよう

スケートボードはさまざまなパーツの組み合わせでできている。買うときや技を覚える際に、すぐにわかるように、それぞれの名称を知っておこう。

①グリップテープ

デッキに貼るすべり止め。足がデッキ上ですべらないようにするパーツ。デッキの幅に合わせて選ぶことが大切。グリップテープのみを購入し、好きな形に切って貼ることもできる。

②ビス

デッキとトラックを固定するパーツで、ナットを含めて8本必要。ゆるむとガタつくので、定期的に確認しよう。

③トラック

デッキとウィールをつなぐ金属製の部品。ウィールをつけてデッキと同じくらいの幅がベスト。乗り心地に影響がある重要なパーツだ。

> このピンを緩めたり締めたりしてトラックの硬さを調整する。

④ホイルベース

前輪から後輪までの長さ。長いと安定感が増し、短いと速い動作が可能。

⑤ウィール

タイヤのこと。ウレタンでできている。スピードが出て、ちょっとした段差でも衝撃を吸収してくれるので、最初はやわらかめを選ぼう。

⑥ベアリング

ウィールの溝にはめ込むパーツで、速さに関係する。数字が大きいほど、精密で速い。通常3、5、7の3種から選ぶが、最初は3か5がおすすめだ。

19

5 どんな種類を選べばいいの?

さまざまな種類を知って
目的に合わせたボードを選ぼう

調べてみよう

ベーシックなトリックが中心ならこっち

コンプリートモデル

完成済みのセットのこと。比較的安く手に入る。スケートボードをはじめたばかりで何を選んだらいいかがわからない人には、こっちがおすすめだ。サイズやデザインの種類が少ないため、細かく選べないのが少し弱点である。

組み立ててつくるスケートボード

自分の好きなサイズやデザイン、やりたいトリックに合わせてパーツを選んでつくる。すべてのパーツを別々に買って自分で組み立てるので、コンプリートモデルよりも少し値段が高くなる。

まとめ どちらが正解ということはないが、最初はベーシックなコンプリートモデルからはじめて、デッキなどのパーツをそれぞれ交換していくのがおすすめ。自分に合ったスケートボードにしていこう(選び方は22、23ページを参考にしよう)。

スケートボードにはいろいろな種類がある。最初は何を選んでいいか迷ってしまうが、まずはどんなものがあるのかを知って、やりたいことに合わせたスケートボードを見つけよう。

すべるのが目的ならこっち

クルージングボード(手前)とロングボード(奥)

移動や坂道を下るなど、滑走に適したボードで、なめらかなすべり心地が特徴。特にロングボードはデッキの幅が広くつくられているので、坂道でも安定感がある(技を行うのには向いていない)。

サーフスケートボード

サーフィンの陸上用トレーニングやイメージトレーニングに使われるボード。トラックにバネがついていて回りやすく、平らな道でもターンの練習ができる。基本的にストリートでは使われない。

番外編

ブレイブボード

スケートボードが1枚のボードに4つの車輪であるのに対し、ブレイブボードは特殊な構造で、前後2枚のボードそれぞれに車輪がひとつずつつき、パイプでつながっている。横乗りで腰をひねると、ボードがしなって前に進む。スケートボードと同じように、ブレイブボードにもたくさんの技がある。

写真提供／株式会社ビタミンiファクトリー

Part 1 スケートボードをはじめよう

6 自分に合ったボードを選ぼう

長さや幅は自分の身長や足の大きさに合わせて選ぶ

デッキの選び方

POINT 1 長さ

　身長に比例した長さを選ぼう。身長に対してデッキが長すぎると、乗ったときのスタンス(前足と後ろ足の幅)が広くなり、短いとせまくなる。前足と後ろ足を広げ、きゅうくつにならず、リラックスして乗れるものを選ぼう。日本のキッズ用(身長135〜155cm)としては、27〜29インチ(約68〜73cm)がおすすめだ。

(スケートボードはアメリカ発祥のものなので、サイズはほとんどがインチで表記されている。1インチ＝約2.54cm)

POINT 2 幅

　幅も足の大きさに比例したサイズを選ぼう。幅がせまいと、トリックなどをしやすいが、安定しにくく、広いと、安定はするが、重くて扱いが難しくなる。日本のキッズ用としては、7.25〜7.5インチ(約18.4〜19cm)が多く選ばれている。

どんな乗り方をしたいかが決まったら、次はデッキ選び。自分の体型や乗り心地に合ったものを選ぶことが上達の第一歩になる。たくさん試乗して、自分にぴったりのボードを選ぼう。

POINT 3 角度

コンケーブ

デッキの中央部分は、足がフィットするように、また、トリックの際に蹴りやすいように、カーブしている。この反りのことをコンケーブという。角度が小さいほうがトリックを行いやすいので、はじめのうちは角度が小さめのものを選ぼう。

キック

デッキのノーズとテールの反り返り部分をキックという。キックも角度が大きいものと小さいものがあり、大きいとテールが高くなる分、オーリーなどで高さを出しやすいが、安定しにくい。はじめは角度が小さめで安定しやすいものを選ぼう。

まとめ コンケーブもキックも、角度が極端に小さくて平らなものは扱いにくい。スポーツ用品店や専門店に行って店員さんに相談し、買う前に、まずは止まった状態で無理なく乗れるものを見つけよう。

7 安全に乗るために

ヘルメットやプロテクターはとても大事

ヘルメット
転んだときに頭を守れるように、ヘルメットを必ず身につける。ベルトを調節して、外れないようにしっかりと留めよう。

レンタルしているパークも
着用が義務になったスケートパークもあるほど、ヘルメットはとても大切だ。借りられるパークもあるが、なるべく自分に合ったサイズを用意しよう。

服装
体を圧迫しない、動きやすい服装ですべろう。ゆったりしすぎた服装だと袖や裾がスケートボードに引っかかってしまうので注意。

Part 1

スケートボードをはじめよう

スケートボードに乗るときは、動きやすい服装になり、安全のためにプロテクターを身につける。プロテクターをつけることで、ケガをおそれずに思いきっていろいろな技に挑戦できる。

プロテクター

最初のうちは手首・ヒジ・ヒザにはプロテクターを必ずつける。ケガの防止になるほか、守られている安心感があるから、いろいろな技に挑戦できる。セットで売られていることが多いので、まとめて買うのがおすすめだ。

ニーパッド（ヒザ用）

リストガード（手首用）

エルボーパッド（ヒジ用）

スケートシューズ

靴底にやや厚みがあり、かかとからつま先まで平らなのが、スケートシューズの特徴。靴底はデッキの上ですべりにくく、安定するつくりになっている。紐はほどけないようにしっかり結んでおこう。

NGのシューズ

サンダルやブーツはもちろん、ハイカットのスニーカーも、足首を動かしにくいので、好ましくない。足首を柔軟に使えるローカットのシューズを選ぼう。

25

8 楽しく乗るためのルール

乗っていい場所とダメな場所を正しく知って練習しよう

○ここで練習しよう

❶ スケートパーク（くわしくは106ページ）

スケートボード専用の場所なので、路面が整備されていてすべりやすく、ほかの人の迷惑にならずに安心して練習できる。上手な人を見ることができるし、友達もできやすい。さまざまな障害物が設置されているので、慣れてきたら、いろいろなトリックにも挑戦できる。休日は人が多いので、マナーを守って練習しよう。

❷ スケートボードOKの広場や公園

専用のスケートパークではなくても、スケートボードの滑走が許可されている広場や公園があるならおすすめ。すべるときの音やデッキを蹴る音が響いて、近くに住んでいる人たちの迷惑になってしまう場合もあるので、なるべく人通りや住居が少ない、広い場所を選んで練習しよう。

スケートボードに必要なものをそろえたら、いよいよ練習開始。まわりの人の迷惑にならないよう、車や人が多い場所は避けて、安全に楽しく練習しよう。

✕ こんな場所では練習しちゃダメ

❶ 車が通る場所

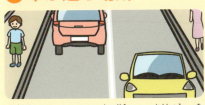

車が来なくても車道での練習は危険なので、絶対にやめよう。もちろん歩道も歩く人のための場所だから、すべってはいけない。

❷ 人ごみの中

人が多い場所では、ぶつかってほかの人にケガをさせたり、自分がケガをしたりする場合がある。人の少ない場所で練習しよう。

❸ 禁止されている場所

広い公園などでも、場所によってはスケートボードの滑走が禁止されているところがある。看板などをしっかり確認してから、問題ない場所で練習しよう。

❹ 雨の日

雨の日は地面がぬれていて、靴もすべるので、とても危険。水の影響によって木でできたスケートボードがいたんでしまうこともあるので、雨の日の練習は絶対にやめよう。

保護者の方へ 市町村の条例などで禁止されている場所では走行しないでください。

Part 1 スケートボードをはじめよう

9 こんなときどうする？

こんなときどうする？
スケートボードの疑問を解決

Q 近くにスケートボードをできる場所がない

A スケートパークに行ってみよう（どんなところかは106ページからくわしく解説している）。

保護者の方へ 交通量や人の往来が激しい道路は滑走禁止です。騒音問題にもつながるので、専用のパークや許可されている公園で行うようにしてください。

Q 難しいトリックに挑戦したい！

A それぞれのトリックにはコツがある。順番にクリアしていくことで身についていくので、あせってはいけない。いきなりできるものではないので、少しずつ上達させていこう。

Q ケガをしたくない！

A 最初は転ぶことも多いだろう。だからヘルメットやプロテクターがとても大切（24、25ページを確認）。慣れてくれば、ケガも減っていく。転び方や下り方をしっかりマスターしよう。

いざはじめてみると、こんなときはどうしたらいいのかと思う点が出てくる。安全にすべるために必要なメンテナンスなどについての疑問をまとめたので、困ったときに確認しよう。

Part 1 スケートボードをはじめよう

Q 乗り心地が悪くなってきた

A
1. ウィールを確認。傷ついていたら替えよう。

2. トラックを動かして確認。ぐらぐらしていたら、ビスを締め直そう。

3. ベアリングにゴミがたまっていないかを確認。クリーナーで洗浄しよう。オイルタイプのベアリングにはオイルをさそう。

Q デッキがすべりやすくなった

A グリップテープがすりへって弱ってきたら、新品のグリップテープを用意して貼り替えてみよう。

Q ビスが飛んでいってしまった

A デッキとトラックをつなぐビスが外れてしまうと危険。予備のビスとドライバーを持っていると安心だ。

見えない筋肉!?

　スケートボードをはじめてみると、足だけでなく、体のあちこちが筋肉痛になるのを実感するでしょう。それは、普段使わない筋肉を使っているから。筋肉は、腕の力こぶやふくらはぎなどの目につきやすいところだけでなく、全身のあらゆるところに存在しています。スケートボードでは、脇腹などのおなかや首回り、すねなども筋肉痛になることがあります。全身を使った運動であることがわかるのではないでしょうか。翌日まで筋肉痛を残さないためにも、終わった後は体操やストレッチをして、全身をゆっくりほぐすようにしましょう。

Part 2

乗ってみよう

この章では、基本的な立ち方や進み方を、意識するポイントやコツなどと一緒に紹介しています。ケガをしないために、準備運動や上手な転び方も学びましょう。

10 準備運動はしっかりと①

スケートボードに乗る前の準備運動はとても大切

ポイント！
練習に夢中になると忘れがちだが、水分や休けいをしっかりとろう

練習の前に
プロテクターを身につけていても、準備運動をしていないと、大きなケガにつながることがある。ケガをしてしまうと何日も練習を休まなければならず、上達にも時間がかかってしまうので、準備運動は必ずやろう。ラジオ体操もおすすめだ。

練習の後にも
すべった後にも整理運動やストレッチを行うのが、とても大切になる。体を動かした後に体をほぐすことで、疲れた筋肉を回復させられ、次の日も元気に練習できる。汗をかいたら着替えをして、風邪をひかないように気をつけよう。

スケートボードは全身のいろいろな筋肉を使って行うスポーツ。ケガをしないように体をほぐすのはもちろん、スムーズに動けるように、準備運動をしっかりしよう。

手首を回す

肩の力を抜いてリラックスした状態で手を組み、手首をゆっくり回す。

足首を回す

地面につま先を立てて、つま先を軸に足首をゆっくり回す。両足とも行うことを忘れずに。

ワンポイント
スケートボードで多いケガがねんざ。不安定な姿勢で着地することによって起こりやすい。足首は特にしっかり回そう。

10 準備運動はしっかりと②

スケートボードに乗る前の準備運動はとても大切（足編）

屈伸

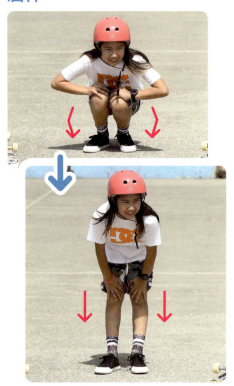

ヒザに手を当てて、ゆっくりとヒザの曲げ伸ばしをする。かかとは浮かせず、地面につける。

ヒザ回し

両足を揃えて立ち、ヒザに両手を置いてヒザを中心に円を描くように回す。

ワンポイント
ヒザの動きは、重心やバランスをとる際はもちろん、着地においても、とても大切になる。転んでもやわらかく着地することでケガを防げるので、ヒザの運動をしっかり行おう。

36

> スケートボードは、ヒザを曲げてバランスをとったり、地面を蹴って加速したりなど、下半身の動きがとても重要になる。ヒザやアキレスけんの準備運動を念入りにやろう。

Part 2 乗ってみよう

アキレスけん伸ばし

足を一歩前に出し、体重を前方にかけて前足のヒザを少し曲げる。後ろ足のかかとを地面に近づけるようにして、アキレスけんを伸ばす。勢いをつけず、ゆっくり伸ばそう。

地面を蹴って進む「プッシュ」など、足全体の筋肉を使うトリックが多い（プッシュの説明は50ページから）。

ワンポイント
アキレスけんのケガのほとんどが、準備運動不足が原因とされる。アキレスけんが切れると、激しい痛みがおきて長期間の治療が必要になるので、しっかり伸ばしておこう。

10 準備運動はしっかりと③

スケートボードに乗る前の
準備運動はとても大切（全身編）

体をひねる

足を肩幅より少し広げて、動かさずに腕を軽く振り、体を左、右、左、右とひねる。脇腹が伸びていることを感じよう。

ワンポイント
運動は、「ここをきたえている」と意識することで、より成果が出やすいといわれる。準備運動も、「ここを伸ばしている」と、ひとつひとつ意識してやろう。

Part 2 乗ってみよう

体が固まった状態で練習すると、とっさの動きに対応できず、危険な転び方をしてしまうことがある。体全体の筋肉をやわらかくし、緊張をほぐそう。

体を回す

足を肩幅より少し広げて、動かさずに両手を大きく広げ、深呼吸をしながら、大きく円を描くように体を回す。ゆっくり大きく回そう。

もっと知ろう！
準備運動やストレッチは、ほかにもいろいろある。反動をつけたり、呼吸を止めたりしないことを意識してやってみよう。
・ジャンプをする　・前屈をする　・ももを伸ばす　など

11 スタンスを知ろう①

正しく乗るために自分のスタンスを知ろう

レギュラースタンス　進む方向に向かって左足が前になるスタンス

後　　　　　　　　　前　→

ノーズ側のビスの後ろふたつが隠れるように左足を置き、右足はテールの上に置く。

左足をノーズ側に置き、右足をテール側に置く。こちらをメインにしている人が多い。今回のモデルはふたりともレギュラースタンスだ。

 もっと知ろう！
メインスタンスの状態のまま、テール側に進むことを「フェイキー」という。

フェイキー

レギュラー　　　グーフィー

40

スケートボードに乗ったときの足の位置のことをスタンスという。進行方向に対してどちらの足が前にある方がバランスをとりやすいか、それによって自分の基本スタンスを知ることができる。

グーフィースタンス　進む方向に向かって右足が前になるスタンス

前　　　　　　　　　　後ろ

右足でノーズ側のビスの後ろふたつを踏み、左足をテールに乗せる。

レギュラースタンスとは逆に、右足をノーズ側に置き、左足をテール側に置くスタンス。モデルは、普段はレギュラースタンスだが、ここでは参考としてグーフィースタンスをとってもらった。

 もっと知ろう！
レギュラースタンスの人がグーフィー、グーフィーの人がレギュラーをとることを「スイッチ」という。

スイッチ

グーフィー　　　レギュラー

41

11 スタンスを知ろう②

どちらが乗りやすいか、いろいろ試してみよう

1 ボールを投げてみよう

ボールを投げるときに力を入れて踏んばる軸足が、ノーズ側になる。左足ならレギュラースタンス、右足ならグーフィースタンスだ。

2 ボールを蹴ってみよう

キックする足ではなく、先に出して軸となる足がノーズ側になる。左足ならレギュラースタンス、右足ならグーフィースタンス。

もっと知ろう!
右利きの人は軸足が左、左利きの人は軸足が右のことが多い。

42

自分のスタンスを知る方法はたくさんある。軸足がどちらかを知っているとわかりやすいが、人によっては逆足の方が乗りやすいこともある。いろいろな方法で試してみよう。

3 押してもらおう

まっすぐ立って、後ろから軽く押してもらおう。そのときに前に出た足が軸足となる。

自分のスタンスがわかったかな？ 意識していなくても、軸足は、いつも同じはず。いろいろ試してから乗るようにすれば、すんなりと技に入れる。今回は、すべてレギュラースタンスで解説しているので、グーフィースタンスなら、左右が逆になる。

レギュラースタンス

グーフィースタンス

ワンポイント
上のやり方で軸足がわからなかったら、実際に乗ってみて乗りやすい方のスタンスで試そう。

43

12 立ってみよう

足を置く位置を意識しながら、ボードに立ってみよう

1 スケートボードの前に立つ

足を肩幅に開き、前足にノーズ、後ろ足にテールがくるように体の前に置く。

2 前足を乗せる

ノーズ側のビスの手前2本の上に、前足をボードに対して垂直に乗せる。

3 後ろ足を乗せる

テール部分に後ろ足を乗せる。重心を体の中心に置く。

 ワンポイント
まずはマットなどの上にボードを乗せ、動かない状態で練習しよう。

保護者の方へ 最初はお子様の手を握って支えてあげてください。

Part 2 乗ってみよう

実際にスケートボードに乗ってみよう。最初は止まった状態で、まずは前足、次に後ろ足をゆっくり乗せていく。足を置く位置と正しい姿勢を意識して基本姿勢をとる。

4 前足の向きを変え、上体を進行方向へ

前足のつま先を中心にし、かかとを後ろ足方向に少し引く。おへそから上をひねって進行方向を向く。

正しい足の位置

○ つま先がデッキからはみ出さないのが、正しい足の位置。

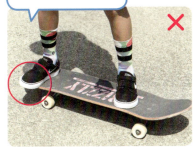

NGの足の位置

× つま先がデッキからはみ出すと、かかとに重心が乗ってしまい、バランスをとりづらい。

ワンポイント
リラックスして乗ることが大切。力むと重心が揺らぎ、安定しづらくなる。

45

13 左右に揺らしてみよう

重心を体の中心に置いてウィールを左右に動かしてみよう

重心が安定するところを探す

肩幅くらいに足を広げ、重心(66ページで確認)が安定するところを見つけよう。ヒザと足首を軽く曲げて腰を少し落とすと安定しやすい。

両足は基本的にビスの上あたりが目安。足を置く位置をいろいろ試して、一番安定するポイントを見つけよう。

NGの姿勢

足元を見ようと前かがみになると、バランスが崩れてしまう。

 ワンポイント
揺れるのが怖いときは、芝生の上やマットの上で試してみよう。

Part 2 乗ってみよう

基本は体の中心に重心を置くこと。立ったままだとバランスを崩しやすいが、両手を広げると、バランスをとりやすくなる。重心を意識して、ボードをゆらゆら揺らしてみよう。

左右にボードを揺らす

重心の位置を変えずに、ウィールを左右に揺らしてみよう。最初は少しずつでもいいので、ウィールを動かしていることを意識する。上半身を動かさずにヒザを使うと安定する。

NGの姿勢

後ろに体重がかかりすぎても危ない。重心を常に体の中心に置くことを意識しよう。

ワンポイント
おしりを地面に置く感覚で腰を落とすと、重心が安定する。

ワンポイント
視線は、足元ではなく、なるべくまっすぐ前に向ける。

47

14 前後に倒してみよう

ヒザを使って
ボードを前後に倒す

基本姿勢はスタンスが安定する位置。ヒザを曲げて重心を意識しよう。

つま先側にゆっくり体重をかけてみよう。重心を体の中心に置くことを忘れずに。

左右に揺らすことができたら、ボードを前後に倒してみよう。
重心を体の中心に置いたまま、つま先側とかかと側に交互に
ゆっくり力を入れて倒すのがコツだ。

NGの姿勢

次に、かかと側に体重をゆっくりかけてみよう。勢いあまって
後ろに倒れてしまわないように気をつける。

ボードから落ちたくないと意識しすぎると、姿勢が悪くなってしまう。重心がぶれるので、姿勢を正しく保とう。

Part 2 乗ってみよう

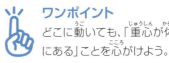

ワンポイント
どこに動いても、「重心が体の中心にある」ことを心がけよう。

15 進んでみよう①

後ろ足で1回プッシュして進む

ボードの横に立ち、前足を進む方向と同じ向きに乗せる。

最初は少しずつ、後ろ足で1回だけ地面を蹴る。体重は前足に乗せよう。

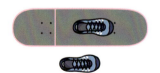

地面を蹴るときは、前足に体重を乗せるように意識しよう。

ワンポイント
止まって乗るときとは足の向きが違う。体と足が進行方向を向くように、後ろ足をボードの横に置く。

Part 2 乗ってみよう

乗ることができるようになったら、次は後ろ足で蹴って進む「プッシュ」に挑戦してみる。蹴るときや足を乗せるときの重心を意識しながら、まずは1回だけ蹴って進んでみよう。

4

後ろ足をテールに乗せよう。それと同時に前足をずらして、基本スタンスをとる。

5

NGの姿勢

後ろ足で蹴りすぎると、バランスを崩す。

前傾姿勢だと、正しいスタンスがとれない。

ワンポイント
前足の向きを変えることを忘れないようにしよう。

上達のコツ
慣れてきたら、後ろ足を乗せるときに前足の位置も移動しよう。

51

15 進んでみよう②

後ろ足で1、2回プッシュして足を乗せる

前足を進行方向に向け、視線も進む方向に向けてスタート。

最初は小さな幅で。慣れてきたら、前足よりも前に後ろ足を持ってきて蹴るようにしよう。

前足よりも前に後ろ足を持ってきて蹴るようにしよう。

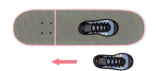

 ワンポイント
プッシュをするときは、後ろ足を前足の横まで持ってくることを意識する。

次は連続で蹴って進む「プッシュ」に挑戦。蹴って進んだら、もう一度地面を蹴り、後ろ足をボードに乗せる。正しいスタンスをとれるように、足の位置を確認しよう。

Part 2 乗ってみよう

後ろ足をテールの中心部分に乗せる。

正しいスタンスになるように、前足の位置を移動させる。おへそから上をひねる感じで、進行方向を向く。

NG!

蹴り足を後ろにいつまでも残すと、ブレーキがかかってしまう。

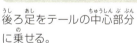

ワンポイント
最初は足元を見てしまいがちだが、視線は進行方向に向けること。

上達のコツ
後ろ足を乗せずに、前足だけで進んで、バランスをとる練習をしよう。

53

15 進んでみよう③

スピードを出してランニングプッシュに挑戦しよう

1 ボードを前足側の手で持つ

体の前ではなく、横にボードを持とう。

2 歩幅に合わせてタイミングを合わせよう

歩く(走る)歩幅とボードを下ろすタイミングを合わせよう。後ろ側のウィールが地面につく瞬間に前足が乗るとちょうどいい。

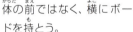

OK!

前足が前方のビスに乗っている。

NG!

前足がボードの中心にあるため、後ろ足を乗せる場所がなく、バランスをとりづらい。

ワンポイント
最初は歩いて、「1、2」と数えながら歩幅を合わせる練習をしよう。

54

プッシュして乗ることに慣れてきたら、走ってボードに乗る「ランニングプッシュ」に挑戦。タイミングを合わせるのが難しいが、できるようになるとかっこいい！

Part 2 乗ってみよう

3 後ろ足でプッシュしよう

4 後ろ足を乗せて基本スタンスをとる

前足を乗せたら、後ろ足を乗せる。そのまま後ろ足で1回プッシュすると、スピードにより乗ることができる。

後ろ足をテールに乗せ、前足を移動。次の技につなげるためにも、基本スタンスをとることが大切だ。

ワンポイント
慣れれば、短い距離でスピードをつけられるようになる。

16 止まってみよう①

後ろ足を下ろして足の裏で止まってみよう

1. 前足のつま先を進行方向に向け、前足側に体重を移動させる。

3. 後ろ足を地面にゆっくりすべらせながら、(→)

ワンポイント
プッシュするときとは逆の動きをイメージ。後ろ足に力を少しずつ入れる。

Part 2 乗ってみよう

すべっているときにブレーキをかけて止まるのは、乗ること以上に難しい。まずは、足の裏を使った止め方から。乗るときとは逆に、後ろ足をゆっくり下ろして止まってみよう。

（→）足の裏全体に体重を少しずつかけていこう。足の裏をすべらせるイメージでやってみる。

つま先だけ、かかとだけ、ではなく、足の裏全体を使うことが大切。体の重心はあくまでも中心に保つ。

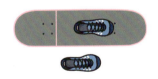

 ワンポイント
つま先だけでトントンとならないように、足の裏全体をズーッとすべらせること。

 NGポイント
下ろした足に一気に体重をかけると、急ブレーキになって危険。

16 止まってみよう②

テールを踏んで止まってみよう

1. 後ろ足をテールに乗せる。

2. 重心が体の中心にあることを意識しながら、体重を後ろ側に少しずつかけていく。

3. テールに乗るというよりも、前足のヒザを胸元に抱え込むイメージで。

ワンポイント
ある程度スピードがないとブレーキをかけられないが、最初はスピードを出さずにやってみよう。

58

Part 2 乗ってみよう

テールを踏んで止まる方法もある。後ろ足でテールを踏んで前足を引くと、テールを地面にこすらせながら止まることができる。重心の位置やバランスのとり方を意識してやってみよう。

4

上がってきたノーズを前足で軽く押さえ、後ろ足のかかととテールを地面にこすらせながら止まる。体が倒れすぎないように、重心を意識しよう。

前から見ると…

後ろ足でテール部分を踏みながら前足を少し引くことで、テールが地面に当たり、少しずつ減速できる。

ワンポイント
この止まり方だとテールがすりへってしまう。慣れたら、後ろ足を少し出してブレーキをかけよう。

NGポイント
重心が後ろになりすぎると、ボードから体が離れて転んでしまう。

59

17 上手な転び方

ケガをしないように
体全体で受け身をとる

手足だけを地面につくのではなく、体全体で転ぼう

 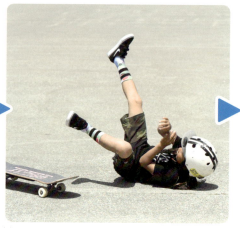

前や横に転ぶようにするのが基本。体をなるべく丸めて、ゴロンと転ぶようにしよう。柔道の受け身の要領で、1ヵ所で受け止めないようにする。頭を守ることも大切なので、あごを引いて頭を内側に入れ、肩や背中で衝撃を受けられるように練習する。

 NGポイント
転び方が悪いと、手をねんざしたり、足をひねったりしてしまう。

最初は転ぶことが多いが、ヘルメットやプロテクターだけでなく、上手に転ぶことでケガを予防する。転んだ際に手や足だけをつくと、ねんざなどにつながる。転び方もしっかり練習しよう。

Part 2 乗ってみよう

手だけをつく、ヒザだけをつくといった具合に、衝撃が一点に集中するのはケガのもと。体をすぐに丸めて受け身の体勢をとれるようにしよう。

NG!

気をつけよう

後ろに転ぶのは一番危険。体重が後ろにかかりすぎると、ボードが先にすべって後ろに倒れる危険性が高まる。

ワンポイント

うまくなっても転ぶことはある。正しい転び方を練習しよう。

61

18 かっこよくボードを持とう

ボードピックをマスターしよう

かっこいいボードピックのコツ

後ろのウィールを支点（88ページで確認）にし、テールを地面にたたきつけてノーズを上げる。止まっているときは、右足でも左足でもOK。走りながらボードピックする場合は、テールで止めるときのように後ろ足に力をかけてノーズを上げ、前足で押さえずに手で受け止める。

止まってボードから下りた後に、テールを蹴ってノーズ部分をキャッチする「ボードピック」。簡単そうに見えるが、コツがある。かっこよく決めるためには練習あるのみ！

NG!

テールを蹴る力が弱すぎたり、テールの中心を蹴ることができなかったりすると、思いもしない方向にボードが向いてしまい、キャッチできない。

テールをまっすぐ蹴らないと、左右に曲がってしまう。中心を蹴ってノーズを上げよう。

ワンポイント
オーリー（90ページ）にもつながる技なので、しっかり練習しよう。

ワンポイント
テールを強く蹴りすぎると、つかむ手をケガしてしまうので注意。

63

重心の意識が成功への近道

　この本では、「重心」という言葉がたくさん出てきます。簡単に説明すると、重心とは「物体のバランスを保つ場所」のこと。人の場合は、おへその下あたりにあるイメージです。スケートボードは板に乗って体を動かすスポーツなので、重心の位置がとても重要。どんなに上手な人でも重心がずれてしまうと、バランスを崩し、転んでしまいます。また、重心は低いほうが安定します。ヒザをしっかり曲げて低い姿勢で着地すれば、バランスを保ちやすくなり、技の成功率が上がるでしょう。重心の位置や着地の体勢を意識することが、上達につながります。

Part 3

いろいろな
トリックに挑戦

基本的な動きを覚えたら、いろいろなトリックに挑戦していきます。ここでは、さまざまなターンなど、初歩的なトリックを紹介。立ち方や重心の感覚を常に意識しましょう。

19 バックサイドターン

おなかを内側にして つま先側に体重を乗せるターン

バックサイドターン（おなか側に曲がるターン）

1. プッシュしてスタート。スピードがないと、ターンの途中で止まってしまう。

2. 軽くヒザを曲げ、つま先に体重を少しずつ乗せてデッキを傾けていく。

3. 上体だけを内側に傾けるのではなく、姿勢を意識。視線を進行方向に向けよう。

正しいスタンスを意識して、つま先側に体重をかける。ヒザを軽く曲げることで、重心がぶれずに曲がっていく。

 もっと知ろう!
おなか側が軸だと「バック」、背中側が軸だと「フロント」。覚えておこう。

 ワンポイント
トラック（19ページ）が硬いと曲がりにくいので、少し動くように調整してみよう。

Part 3 いろいろなトリックに挑戦

まっすぐすべることができるようになったら、すべりながら曲がるターンに挑戦。進行方向を向きながら、つま先側に体重をかけてデッキを傾けると、自然に曲がっていく。

体を傾けすぎて前のめりにならないことが大切だ。

つま先側に体重をかけて、上体が進行方向に向くことによって曲がっていく。

視線を常に進行方向に向けること。

上達のコツ
まずは大きく90度回ることからはじめて、慣れたら180度を目標にしよう。

NGポイント
体を急に傾けると、バランスを崩してしまう。

69

20 フロントサイドターン

かかとに体重を乗せて背中側を軸に曲がるターン

フロントサイドターン（背中側に曲がるターン）

1 スピードに乗って視線を進行方向に向ける。

2 ヒザを曲げて、かかと側に体重をかけていく。

3 曲がっていく方向に肩を向けるようにする。

かかと側に体重をゆっくりかける。

ワンポイント
ターンにはスピードが必要。プッシュでスピードをつけてから挑戦しよう。

おなか側に曲がるバックサイドターンよりも、少し難しいトリック。上半身の向きやかかとへの体重の乗せ方が、ポイントになってくる。まずは大きく曲がれるようになろう。

Part 3 いろいろなトリックに挑戦

視線は常に進行方向に向けること。

かかとに体重をかけても、重心は中心に保つことを忘れずに。

大きく曲がることからはじめてみよう。

ワンポイント
進行方向に上体をひねると、自然に曲がっていく。

NGポイント
かかと側に体重を急激に移動させると、後ろ側に倒れて危険！

71

21 連続でターンしよう

スピードに乗ってターンを繰り返そう

目印を置いて連続ターンにチャレンジ

ポイント！
左右の切り返しは上半身を先に進行方向に向けるのが重要

ポイント！
ターンをしながら切り返す前に、上半身が次のターンの方向を向いていることが大切

ポイント！
ヒザを上手に使って体重をゆっくり移動させよう

バックサイドターンとフロントサイドターンができるようになったら、ふたつを連続でやってみよう。最初は大きなターンから。慣れてきたら、左右にすばやく切り返してS字に曲がろう。

ここに注目！

最初のプッシュはしっかりと

ターンを繰り返すためには、スピードに乗っていることが重要。最初にしっかりプッシュして、スピードを出そう。

ヒザを使って体重移動

重心を移動させるには、ヒザの使い方が重要。バランスをとるためにも、ヒザを柔軟に使おう。

視線は進行方向へ

視線は、常に進む方向に向けよう。足元に気をとられると、スピードが落ちてしまう。

22 テールを踏んでノーズを上げよう

重心を体の中心に置いたまま、ボードを上げ下げしよう

1 まずはノーズを軽く上げる

テールに体重を少しだけかけてノーズを上げてみよう。

2 少しずつ体重をかける

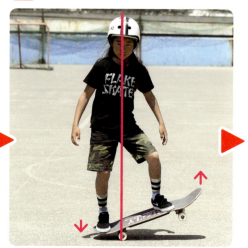

テール側に少しずつ体重をかけていく。重心はあくまでも体の中心に。

 ワンポイント
前足のヒザを胸元に抱え込むように意識するとやりやすい。

最初はテールに体重を軽くかけてノーズを上げることから。テールが地面につくようになったら、地面に当たらないギリギリの位置でバランスがとれるように練習しよう。

Part 3 いろいろなトリックに挑戦

3 テールを地面につける

ここでキープ！

テールを地面につけずに、ノーズの角度をある程度上げ、その位置でキープ。バランスをとるのは難しいが、この感覚を覚えておくと、この先のトリックに役立つ。

テールを地面に完全につけてみよう。ここでも、体の中心に重心をキープする。

 NGポイント
テール側に体が乗りすぎると、倒れてしまう。

 ワンポイント
重心が後ろのウィールの上にあることが大切だ。

75

23 キックターン

ノーズを上げたまま、ボードを180度回転させる

ノーズを浮かせたまま回転するキックターン

おなか側を中心に回転するバックサイドキックターンと、背中側を中心に回転するフロントサイドキックターンがある（今回はフロントサイドキックターン）。

止まった状態で正しいスタンスをとる。

テールに体重をかけ、ノーズを上げる。

ノーズを上げたまま、向きたい方向へ上体を向ける。

できた!

ワンポイント

まずは、ノーズが上がっていない状態で腕を左右に振って、上半身をひねろう。

Part 3 いろいろなトリックに挑戦

ノーズを自在に上げられるようになったら、前方のウィールが地面につく前に位置を変えてみよう。バランスをとっている腕で上体を回しながら少しずつ移動させると、うまくいく。

4 テールを踏む力とノーズの浮きのバランスをとりながら回転。

5 背中側に上体を向けて、腕を振り、ボードを思い切りよく回転させる。

6 目標位置まで行ったら、ノーズ側のウィールを下ろす。

9

8

7

上達のコツ
最初は小さな角度から練習。角度を少しずつ開いていこう。

ワンポイント
体が伸びないようにしよう。

24 チックタック①

おへそを中心に腕のリードでノーズを左右に振る

上体をひねる動きとノーズを上げるタイミングがポイント

1 おなか側（つま先側）に体重をかける。

2 上体をひねった方向にノーズを向ける。

3 両腕を振ってテールに体重をかけ、ノーズを回す。

ワンポイント
方向を変えたら、前のウィールを地面にしっかりつけよう。

両足をデッキに乗せたまま、角度の小さな左右のキックターンを連続させて前に進んでいく「チックタック」。まずはノーズを左右に振る感覚をつかもう。

Part 3 いろいろなトリックに挑戦

▶ ノーズが地面についたら背中側に体重をかけ、上体を反対側にひねる。

▶ つま先側に体重をかけてノーズを上げ、移動する。

▶ これを繰り返していく。

ワンポイント
進みたい方向に上体を向けて先導することが大切だ。

上達のコツ
「左、右、左」や「1、2、1、2」などのかけ声をかけてテンポをつかもう。

79

24 チックタック②

ヒザを使って前に進もう

まずは止まった状態から。慣れたらプッシュしてやってみよう

ヒザを曲げ、向きたい方向に上体をひねる。

テールを軽く踏んでウィールを浮かせ、ノーズを振る。

ヒザを使っておなか側に体重を乗せ、ボードを進める。

 ワンポイント
最初はノーズを左右に小さく振りながら練習しよう。

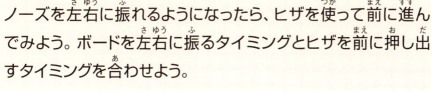

ノーズを左右に振れるようになったら、ヒザを使って前に進んでみよう。ボードを左右に振るタイミングとヒザを前に押し出すタイミングを合わせよう。

ヒザをゆるめて背中側に体重を移動させていく。

先に腕の振りを大きくして向きたい方向に上体を向ける。

ノーズを上げ、着地のタイミングでヒザを使ってボードを進める。

上達のコツ
慣れてきたら、上体のリードでノーズを大きく振るように意識しよう。

81

25 テールマニュアル

ノーズを浮かせたままで進んでみよう

長い距離を進むにはバランス感覚が一番大切

1 プッシュを繰り返してスピードを出す。

3 前足の向きを変えてスタンスを正す。

ワンポイント
テール側に体重をかけても、重心は体の中心にあることをイメージしよう。

プッシュしてスピードに乗ったまま、ノーズを浮かせて進む「テールマニュアル」。最初は50cm進むことを目標にし、重心の位置やバランスのとり方を覚えよう。

Part 3 いろいろなトリックに挑戦

4 テール側に体重をかけ、ヒザを抱え込むイメージでノーズを浮かせる。

5 両手を広げて、腕、ヒザ、足首でバランスをとり、後ろのウィールだけですべる。

6

NGポイント
後ろに体重を乗せすぎると、転んでしまうので注意！

上達のコツ
最初はテールを地面にこすってもいいので、バランスを意識しよう。

83

26 パワースライド

進行方向と直角にボードを動かし、ウィールでスライドする

ターンの後半に体重をぐっと入れてボードを回す

1. ヒザを曲げて腰を落とし、低い体勢でためをつくる。

3. 上体を少しずつ起こしながら、進行方向に開いていく。

 上達のコツ
スノーボードができる人は止まるときをイメージしよう。

 ワンポイント
まずは背中側のウィールだけをすべらせてみよう。

左右のターンやチックタックができるようになったら、「パワースライド」にチャレンジ。ボードをすばやく90度動かしてウィールですべる技だ。体や足の動きをしっかりイメージしよう。

Part 3 いろいろなトリックに挑戦

4

その勢いによって、両足でボードを90度押し出してウィールをすべらせる。ボードを前に押し出すイメージだ。

5

上体と腕でバランスをとりながら、ヒザを使ってボードを押し込む。

6

ボードの真上に体を戻して体勢を整える。

ワンポイント
ウィールをすべらせるときは体がボードにきちんと乗っていること。

上達のコツ
フロントサイドはボードと進行方向が見えるのでやりやすい。慣れたら、難しいバックサイドに挑戦。

85

スケートボードは理科?

　次のPart 4で学ぶ、ボードと一緒にジャンプするオーリーというトリックには、「テコの原理」が関係しています。テコの原理とは、棒や板と支えを利用して、少ない力で大きな物を動かす仕組みのこと。力をかける力点、板や棒を支える支点、物を動かす作用点の3点で成り立ちます。スケートボードのテールを蹴ってノーズを浮かす動作では、力点であるテールを踏んで力をかけることで、支点であるウィールを支えに、作用点であるノーズが上がります。仕組みを意識しながら、練習してみましょう。

Part 4

オーリーに
チャレンジ！

いよいよオーリーに挑戦！ 基本となるこのトリックを
マスターすれば、さらに複雑なトリックに挑戦できます。
時間がかかっても、根気よく、繰り返し練習しましょう。

27 オーリーとは？

ボードを浮かせて一緒に跳び上がるかっこいい技

オーリーってこんな技！

まずは、イメージトレーニングから。実際にオーリーの練習をする前に、体や足、ボードがどのような動きをしているのかを見てみよう。**1 2** 後ろ足でテールを蹴る→**3** 前足がつっかい棒のような形になり、ノーズをすり上げる。→

オーリーのスタンス

ノーズ側のビスの手前に前足を置き、後ろ足はテールのカーブに側面が沿うように置く。通常よりも少し背中側に置くとやりやすい。

NGスタンス

後ろ足のつま先だけをテールに置くと、蹴るときにずれて安定しない。

Part 4 オーリーにチャレンジ！

「オーリー」とは、ボードに乗った状態でボードと一緒に跳び上がるトリック。これから先、いろいろな技に挑戦するときに基本となるので、しっかり決められるように練習しよう。

4 テールが上がって浮いているように見える→5 6 ボードとともに着地。これがオーリーの仕組みだ。後ろ足でテールを地面にたたきつけるように蹴って、前足でデッキをすり上げ、水平にする。そのとき、足にぴたりとボードを引きつけるのがポイントだ。

両足がデッキとくっついているように跳ぶことを目標にしよう。はじめのうちは後ろ足がついてこないが、前足でしっかりすり足すれば、後ろ足にデッキがついてくる。

頭のなかでイメージできたかな？ 次はいよいよ挑戦。ポイントごとに解説していくので、何回も練習してかっこいいオーリーをマスターしよう！

28 オーリーのポイント

それぞれの動きやポイントを理解して挑戦しよう

1 オーリーのスタンスをとる（90ページ）

最初はボードの真ん中に前足を置いてもいい。

2 かがむ

高くジャンプするために、一度かがんでためをつくる。不安定なボードの上だが、重心を意識しよう。

高く跳びたいときは深くかがみ、何度も跳ぶときは浅くかがむ。
最初は深くかがんで感覚をつかもう。

3 キック足とすり足

キック足　すり足

キック足

ジャンプしながらテールを蹴ってボードを浮かせる。テコの原理（88ページ）で、後ろ足でテールをたたきつけるように蹴ってノーズを上げる（→62ページのボードピックを参考に）。

すり足

キック足とほぼ同時に行うすり足。ジャンプしながら前足を倒してデッキをすり上げ、そのまま、足にノーズをひっかける。足のすり上げとノーズの動きが合うと決まる。

オーリーを成功させるために、それぞれのポイントをつかもう。最初は上手にできなくても大丈夫。時間をかけて何度も練習することが大事だ。

Part 4　オーリーにチャレンジ！

4　ピーク

ピークとは最も高く跳び上がった地点のこと。空中でボードが水平になれば、基本的に成功だ。最初は難しいが、低くても水平にすることを意識してみよう。跳んだ後に両足のヒザを胸に引きつけるのがコツだ。

ピーク時のスタンス

ボードが浮くと同時に前足をノーズ側にずらして引き上げる。

5　着地

空中でのオーリーが決まっても、着地で転んだら失敗。ボードの中心に重心を置くことを意識し、ヒザを使って衝撃を吸収しよう。

着地時のスタンスに注意

着地したときは基本の位置に足がくるように意識しよう。

ワンポイント
ジャンプするときは、上半身は動かさずに下半身を使って跳ぶ。

上達のコツ
両足がボードについているように見えるオーリーが完成形だ。高さのあるオーリーもかっこいい！

93

29 止まってオーリー

ウィールが動かない状態で足の動きを覚えよう

マットや芝生の上でやってみよう

1 スタンス

足の位置を確認しよう（90ページ）。

2 かがむ

腰を落としてテールを蹴る力をためよう。

3 テールを蹴る

上体が上がるのと同時にテールを真下にたたきつけるイメージで蹴ろう。前後にずれると、ノーズが曲がった状態で上がってしまう。

 ワンポイント
最初はつま先で立つように蹴るとやりやすい。

 上達のコツ
安定してテールを蹴ることができるようになるまで練習しよう。

Part 4 オーリーにチャレンジ！

最初は動かないように、マットの上などにボードを置いて練習しよう。テールを蹴るのと同時に、前足をすり足のように移動させるのがコツ。何度も繰り返してマスターしよう。

4 同時に足を動かす

3と同時に前足をすり上げる。前足の小指側の面で、すり足のようにして移動させて、ボードを後ろ足に引きつけるのがポイントだ。

5 ボードを水平に

前足を戻しながら、ノーズを押さえてボードを水平にする。止まった状態でもタイミングが合えば跳べる。

6 着地

体の中心に重心を置くことを意識し、ヒザを使って着地しよう。

ワンポイント
「蹴る＋すり上げる」タイミングがずれると、テールは上がらない。

 上達のコツ
動かない状態でコツをつかめば、上達が早い。

30 つかまってオーリー

手すりなどにつかまって跳び上がる感覚を覚えよう

次は手すりにつかまってやってみよう

1 基本スタンスを確認。

2 腰をしっかり落としてジャンプの準備。ヒザを抱え込むようにしてしゃがむ。

3 キック足とすり足の動き（92ページ）をおさらいしよう。

もっと知ろう！
立ったまま跳ぶと、テールを蹴る力が弱くなる。かがんで「ため」をつくろう。

ワンポイント
つかまり練習では、前足の足首を曲げる感覚をつかもう。

止まった状態で足の動きを覚えたら、次は跳ぶ感覚をつかもう。つかまりながらだと、ひとつひとつの動作を転ぶことなく安全に確認できる。それぞれの動きに注意しながらやってみる。

Part 4 オーリーにチャレンジ！

重心に注意しよう

手すりがあると前のめりになってしまうが、重心が前にあるため、手すりがないとバランスを崩してしまう。手すりに体重をかけるのではなく、支えるくらいにする。重心を必ず体の中心に置くようにしよう。

ワンポイント
タイミングをつかみ、足の動きにも注意しよう。

ワンポイント
着地時も手すりに力をかけすぎないように気をつけよう。

97

31 その場でオーリー

フラットなところで止まった状態から挑戦してみよう

どの体勢でも重心を意識しよう

最初にかがむところからすでに重心がぶれやすいが、これまでに練習してきた感覚を思い出しながら挑戦してみる。

1

基本スタンスをとる。

2

高く跳ぶときは深くかがむ。バランスを崩しやすいので、重心をキープしよう。

3

ワンポイント
進行方向に向かって真下に垂直にテールを蹴る。

98

Part 4 オーリーにチャレンジ！

足の動きと跳ぶ感覚がつかめたら、今度は止まった状態でオーリーに挑戦。重心や体勢を安定させるのが難しいので、練習あるのみだ。高さはあまり出ない。

止まった状態でテールをまっすぐ蹴る練習をするのもおすすめ。まずは、すり足のことは意識しない。地面にテールをたたく反動があっても体のバランスが崩れないようになれば、次の動作もスムーズになる。

思い切りテールを蹴れば、高く上がる。前足できちんととらえて水平に保てるようにする。

着地もバランスを崩さないようにしよう。

 もっと知ろう！
オーリーはいろいろなところでテコの原理（88ページ）が働いている。

 ワンポイント
どの体勢でも重心がぶれなくなったら、次のステップに進む。

99

32 オーリー上達のコツ

5cmほどの高さの障害物を跳び越えてみよう

まずは目印になるものからチャレンジ

目標物があったほうが跳ぶ感覚をつかみやすい。最初は高さがないコインなどではじめる。5cmほどの高さのものを跳べるようになることが目標になる。

どこから跳ぶのか、距離感をつかんだら、今度は高さを出すことに挑戦しよう。思い切り跳ぶのがポイントだ。

慣れてきたら、高さがあるものを跳び越えよう。

ワンポイント
はじめは立体的ではないマンホールなどを目標物にしてみる。

上達のコツ
対象物を少しずつ大きくし、それを跳び越えられるように練習しよう。

その場でオーリーができるようになったら、プッシュしてから跳び越えるオーリーにチャレンジ。最初はスピードをあまり気にせず、慣れてきたらスピードをつけてやってみよう。

オーリーにチャレンジ！

ワンポイント
ここまで跳べる、この高さなら越えられるなど、具体的に知ることが大切だ。

保護者の方へ 動画で撮影してあげると、アドバイスする際の参考にもなり、上達が早くなります。

メイクとは?

　メイクとはスケートボードやスノーボードの用語で、トリックを成功させることをいいます。メイク率とは技の成功率のこと。技の完成度が低くても、着地に成功すれば、メイクできたことになります。ただ、着地に失敗してしまったら、着地以外が完璧でもメイクしたとはいえない、というのがライダーの考えです。まずはメイク率を上げて成功体験を積んでから、ジャンプの高さや障害物の高さを上げるなどし、トリックの精度を高めていきましょう。

Part 5

もっと楽しもう!

スケートボードをもっと楽しむために、専用のスケートパークで練習しましょう。その際はルールやマナーを守ることを忘れずに。難しいトリックも紹介しているので、挑戦してみましょう。

33 スケートパークってなあに?

スケートボードの専用施設だから、思い切りすべることができる

スケートパークってこんなところ！

広い敷地に人工的に作られたセクション(専用の障害物)が置かれたスケートボードのための施設がスケートパークだ。歩行者や車などが通ることがないので、安心してスケートボードを楽しめる。屋外のものと屋内のものがあり、全国に広がっている。近くのスケートパークに通って、たくさん練習しよう。

スクールに参加してみよう

スケートパークでは、スクールが開催されていることが多い。初心者向けやプロの講師によるスクールなど、さまざまなプログラムがあるので、参加してみよう。事前予約が必要な場合もあるので、忘れずに確認しよう。

Part 5 もっと楽しもう！

思う存分、スケートボードを楽しむなら、スケートパークがおすすめ。セクションと呼ばれる人工的な障害物があり、練習するには最高の環境だ。初心者でもすぐに上達できるだろう。

スケートパークで楽しむためのルールとマナー

❶ 順番を守ろう
同じセクションには、複数の人が同時に入ることはできない。周囲を見回してだれかすべろうとしていないかを確認し、順番を守ろう。

❷ ゴミは持ち帰ろう
当然のことだが、自分のゴミは自分で処分しよう。落ちているゴミでケガをしたら大変なので、必ず、持ち帰るか決められた場所に捨てるかしよう。

❸ パークのルールを守ろう
ルールは各パークによって異なる。ひとりがルールを破って事故が起きたら、パークの閉鎖にもつながってしまうので、必ず守ろう。

❹ プロテクターをつけよう
パークによってはヘルメットの着用だけが規則になっているが、初心者にはプロテクターが必需品。ケガを恐れずに、トリックに挑める。

❺ ほかのライダーと交流しよう
パークには大人もプロもいる。見ているだけで勉強になるし、ハイレベルなトリックを見られることもある。まずはあいさつしてみよう！

34 スケートパークの設備

セクションの名前を知ろう

代表的なセクションの名前と特徴

フラットバンク（バンク to バンク）

平らな斜面がついた坂のようなセクション。

アールバンク

アールと呼ばれる湾曲した斜面が特徴。

クォーターランプ

円を4分の1に切ったような形のセクション。

アール to バンク、スパイン

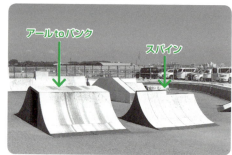

バンクとバンクの間が平らになったセクションやアールバンクがくっついたもの。

Part 5　もっと楽しもう！

スケートパークにはいろいろな種類のセクション（専用の障害物）がある。ラインナップはパークごとに異なるが、ここでは一般的によく見られる基本的なものを紹介しておこう。

ミニランプ

クォーターランプの間に平らな部分があり、行ったり来たりができるセクション。

マニュアルボックス

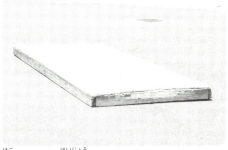

箱のような形状をしたセクション。

ハンドレール

街中にある階段の手すりのようなセクション。フラットのものやほかのセクションについたものもある。

慣れてきたら、それぞれのセクションでさまざまなトリックを試すことができる。楽しみ方は無限大だ。

35 段差を下りてみよう

大切なのは勢いよりも衝撃を少なくすること

マニュアルボックスで試してみよう

1. 最初は怖いが、プッシュして勢いを少しつける。

2. 腕でバランスをとりながら、ノーズを浮かせたまま、段差を下りる。

ワンポイント
まずは前輪をつけて下りてみる。

ワンポイント
テールマニュアル（82ページ）をやりながら下りるイメージだ。

Part 5 もっと楽しもう！

段差を下りるのにもコツが必要。勢いで下りられるが、体への負担が大きいので、衝撃をなるべく少なくしたい。段差が高いほど、衝撃が増す。まずは10cmの段差から練習する。

着地とともにヒザを曲げて衝撃を吸収する。

下りる時のポイント
ノーズを浮かせると、安定して下りられる。

着地時のポイント
ヒザと上体を沈み込ませて着地の衝撃を吸収しよう。

上達のコツ
最初は10cmくらいの段差からはじめ、少しずつ高いものに挑戦していこう。

36 バンクに挑戦①

バンクをすべってみよう

ななめになっても重心は体の中心に

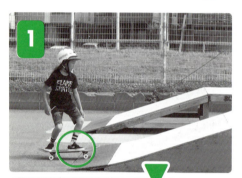

プッシュして基本スタンスをとる。セクションの入口で体勢が崩れやすいので、腰とヒザを曲げて衝撃を吸収しよう。

地面の上と同じように、面に対して体を垂直に保つことが大切だ。姿勢を低くしたときも、垂直を常に意識しよう。

ワンポイント
セクション入口の段差でつまずかないように、腰とヒザを使う。

ワンポイント
はじめは、上がったら、そのまま下りてみよう。

Part 5 もっと楽しもう！

乗ることに慣れてきたら、セクションを使ってトリックに挑戦しよう。まずは、一番簡単に練習できる低めのフラットバンクで、すべり方の基本姿勢を覚えよう。

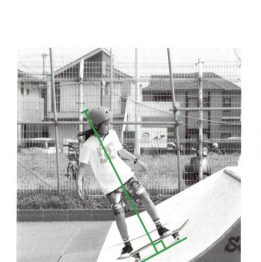
角度のあるアールバンクでも、面に対して垂直の体勢をとることが大事だ。

前のめりになると、スケートボードがついてこずに転んでしまう。

怖がって腰が引けると、後ろに転んで危ない！

ワンポイント
腕を使ってバランスをとること。
棒立ちにならないようにしよう。

上達のコツ
最初は怖いが、スピードがあったほうがすべりやすい。

113

36 バンクに挑戦②

バンクを下りてみよう

下りるときも体の重心は中心に

1
基本スタンスをとってゆっくりスタート。

2
重心を意識しながら、斜面に対して体を垂直に保つ。足元を見ると、姿勢が崩れる。

3

ワンポイント
下りはじめるときは頭から入っていくイメージを持とう。

Part 5 もっと楽しもう！

バンクは上がるときよりも下りるときのほうが怖いかもしれない。前のめりになったり、腰が引けたりして重心がぶれると、転んでしまう。斜面に対して垂直の姿勢をキープしよう。

4

段差でガタッとなっても、重心はまっすぐに。地面に下りたら、足やテールで止めてもいい。

5

視線を前に向ける

下りるときは足元を見がちだが、進行方向をまっすぐ見るようにする。足元を見てしまうと、体が前に傾いてしまう。

 ワンポイント
フラットになったら、体が地面に対して垂直になるように意識しよう。

115

37 バンクでターン

バンクを使ったターンに挑戦してみよう（バックサイドターン）

バンクの幅をいっぱいに使ってチャレンジ
（68ページのバックサイドターンをおさらいする）

1. プッシュしてフラットバンクにななめに入っていこう。

2. 上がるときの重心は面に対して垂直に。

3. ターンのきっかけは上がりきって止まったとき。地面の上でのターンと同様に、上体でリードしよう。

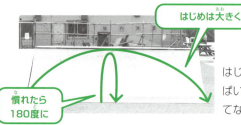

はじめは大きく

はじめはバンクの幅をいっぱいに使い、ななめに上がってななめに下りてみよう。

慣れたら180度に

ワンポイント
基本的な動きはチックタック（78ページから）と同じ。

上達のコツ
慣れてきたら、まっすぐ入って180度で回り、まっすぐ下りよう。

Part 5 もっと楽しもう！

バンクに慣れてきたら、ターンをしてみよう。はじめのうちは、フラットバンクでななめに上がってななめに下りる練習から。ターンするタイミングをつかもう。

4 両腕を振って肩から上半身を回し、体の向きを進む方向に変える。

ポイント！
体が伸び切ってしまわないように注意！

5 ボードが回ってきたら、上にしっかり乗る。

6 斜面に対して垂直になることを意識する。重心を体の中心に。

 上達のコツ
背中側に回るフロントサイドターン（70ページ）にも挑戦しよう。

 上達のコツ
まずはフラットバンクで挑戦。慣れてきたら、スピードが出るアールバンク（108ページ）でやってみよう。転倒しやすいから、注意が必要になる。

117

38 スゴ技にチャレンジ①

フロントサイド180（ワンエイティー）

ボードといっしょに180度回転

オーリーでボードを蹴った後、両足でボードをおなか側に180度回転させるトリック。

1 かがんで跳び上がる力をためる。

2 テールを蹴る前に腕を開いて上半身を伸ばしながら、進行方向を向く。

3 後ろ足でテールを蹴ると同時に、前足でボードをとらえる。ここでオーリーが役立つ。

ワンポイント
テールを蹴るとき、上半身はすでに進行方向を向いていること。

Part 5 もっと楽しもう！

オーリーが完璧になったら、もっと難しいトリックに挑戦してみよう。まずは、跳び上がったときに体とボードをおなか側に180度回して着地する「フロントサイド180」を解説する。

4 前足でボードの向きを変えていく。ヒザを抱え込むように回してみよう。

5 ピーク時に両足でボードの向きを変え、着地までに180度回していく。体も一緒に回す。

6 着地のときはヒザを曲げて衝撃を吸収する。

上達のコツ
最初は90度回すことからチャレンジしよう。

38 スゴ技にチャレンジ②

ショービット

前足の下でボードを回す

ノーズ側の前足を浮かせると同時に、後ろ足でテールを後方に蹴ってボードを回す。

1

スタンスは前足のかかとがデッキからはみ出し、後ろ足をテールの前方にかける形に。

2

伸び上がる体勢をつくる。

3

後ろ足でボードを背中側に軽く蹴る。同時に前足を浮かせて回転を止めないようにする。

もっと知ろう!
ボードを1回転させると、「ビッグスピン」というトリックに。

上達のコツ
ボードを前に回す「フロントサイドショービット」にも挑戦しよう。

オーリーをやりながら、ボードだけを半回転させるトリック。テールとノーズを入れかえるようにしてテールを蹴るのがポイント。後ろ側に回す「バックサイドショービット」から練習しよう。

4 体の下でボードを回す。ボードが180度回転したら、前足でボードを押さえる。

5 動きが安定するように、後ろ足も着地体勢に。

6 両足で着地する。

ワンポイント
後ろ足で大きく回すのではなく、つま先で後ろに軽くはじく。

ワンポイント
すべりながら高く跳んで回す「ポップショービット」もかっこいい!

38 スゴ技にチャレンジ③

キックフリップ

前足を使って空中でボードを横に1回転させる

最初はタイミングが難しい。止まった状態で後ろ足を乗せずに前足ですり上げる感覚をつかもう。

1

ジャンプするためにしっかりかがむ。

2

前足を少し背中側に引いたスタンスだとやりやすい。

3

後ろ足でテールを真下に蹴る。

前足を少し後ろに引いた状態でやってみよう。

前足をすって進行方向のなめ前(背中側)に蹴る。

ワンポイント
タイミングを合わせるのが難しいので、まずは横に回す練習からはじめよう。

122

Part 5 もっと楽しもう！

オーリーをやりながら、ボードを横に1回転させるトリック。前足でデッキをかかと側にすって回す。オーリーで障害物を跳び越えられるようになったら、挑戦してみよう。

前足を背中側のななめ前方にすり上げる。

ポイント！
体の真下でデッキが回るように

進行方向に前足を蹴ってボードを回す。

ボードが1回転したら、後ろ足から着地していく。

 NGポイント
ボードと体がバラバラになると、ボードが飛んでいってしまう。

 上達のコツ
できるようになったら、少し高いところから跳び下りながらやってみよう。

123

監修者とモデルの紹介

監修 西川 隆

1966年生まれ。一般社団法人 日本ローラースポーツ連盟スケートボード委員会委員。2016年よりナショナルチームヘッドコーチに就任。現在は、第32回オリンピック競技大会（2020／東京）スケートボード競技の日本代表監督を務めている。

モデル 織田夢海

スケートボード歴5年
「世界大会に出て有名になりたい」

モデル 徳田 凱

スケートボード歴5年
「世界中に友達をつくりたい。海外の大会で優勝したい」

おわりに

　スケートボードの楽しさは伝わりましたか？　最初はなかなかうまくできないかもしれませんが、何度も何度も練習してコツをつかめば、体幹がきたえられ、難しいトリックも決められるようになるでしょう。その手助けになるポイントをこの本にまとめました。

　何度やってもうまくいかないときは、この本をめくって基本に立ち返るのもいいでしょう。トリックが成功したときの達成感は、あなたにきっと自信をうえつけてくれます。たくさんの人とその喜びを共有して、スケートボード・ライフを楽しみましょう。

撮影協力

ムラサキスポーツ
鵠沼海浜公園スケートパーク

五十音順さくいん

【あ行】

アール（108ページ）……………… ミニランプやクォーターランプなどの曲面。

ウィール（19ページ）……………… スケートボードのタイヤ。

オーリー（90ページ）……………… フラットトリックの基本的な技。さまざまなトリックの基礎となる。

【か行】

キック（23ページ）………………… デッキのノーズとテールの反り返り部分。

キックターン（76ページ）………… ノーズを上げて左右にボードをずらし、方向転換すること。

キックフリップ（122ページ）……… オーリーのピークで地面に対して平行にボードを回すこと。

グーフィースタンス（41ページ）…… 右足が前になるスタンス。

クォーターランプ（108ページ）…… 円を4分の1に切ったような形のセクション。

グリップテープ（19ページ）……… ボードの表に貼るすべり止めのテープ。デッキテープとも呼ぶ。

コンケーブ（23ページ）…………… デッキ表面の湾曲した部分。

コンプリートモデル（20ページ）…… デッキにグリップテープ、トラック、ウィール、ベアリングをセットし、完成させたもの。

【さ行】

ショービット（120ページ）……… オーリーをしながら、ボードを横に180度回転させること。

スイッチ（41ページ）……………… 普段とは逆のスタンスのこと。

スケートパーク（106ページ）…… スケートボード専用に設計された公園。

スタンス（40ページ）……………… 足の位置と置き方のこと。

スパイン（108ページ）…………… ふたつのアールバンクの背がくっついたセクション。

ストリート＜競技＞（17ページ）…… 街中にある階段や縁石、斜面や手すりなどを模したコース。

セクション（108ページ）………… スケートボード用につくられたアイテムや障害物のこと。

【た行】

チックタック（78ページ）………… 角度の小さな左右のキックターンを繰り返して前に進むこと。

テール（18ページ）………………… デッキの後方。

テールマニュアル(82ページ)……… ノーズを浮かせた状態ですべり続けること。

デッキ(18ページ) ……………………… スケートボードの板。

トラック(19ページ) ………………… デッキとウィールをつなぐT字型の金具。

トリック(10ページ)………………… スケートボードの技。

【な行】

ノーズ(18ページ) ……………………… デッキの前方。

【は行】

パーク＜競技＞(17ページ) ……… 複雑な形をしたくぼ地状のコース。

バックサイドターン(68ページ)…… おなか側に回るターン。

パワースライド(84ページ) ……… 進行方向に対してボードをすばやく向けてウィールでスライドすること。

ハンドレール(109ページ) ………… 階段の手すりのようなセクション。

フェイキー(40ページ) ……………… 後ろ向きに進むこと。

プッシュ(50ページ) ………………… 片足をデッキに乗せ、後ろ足で蹴って走るテクニック。

フラットバンク(108ページ) ……… 平らな斜面がついた坂のようなセクション。

フロントサイドターン(70ページ) … 背中側に回るターン。

フロントサイド180(118ページ) … オーリーでボードを蹴った後、ボードを180度回転させる技。

ベアリング(19ページ) ……………… ウィールの中に入れて回転させる部品。

ボードピック(62ページ) ………… テールを踏んで上げたノーズを手でつかむ方法。

ホイルベース(19ページ) ………… 前輪から後輪までの長さ。

【ま行】

マニュアルボックス(109ページ) … 長方形の箱型のセクション。

ミニランプ(109ページ) …………… ふたつのアールが向き合った形をしたセクション。

メイク(104ページ) …………………… トリックが成功すること。

メインスタンス(40ページ) ……… 通常使用するスタンス。

【ら行】

ルーティン(13ページ)……………… いくつかのトリックを組み合わせて連続で行うこと。

レギュラースタンス(40ページ) …… 左足が前になるスタンス。

127

ゼロからわかる「技の教科書」
小学生のための
スケートボード

2018年9月28日　第1版第1刷発行

編　集	株式会社ベースボール・マガジン社
監　修	西川　隆
発行人	池田哲雄
発行所	株式会社ベースボール・マガジン社
	〒103-8482 東京都中央区日本橋浜町2-61-9 TIE浜町ビル
	電話　03-5643-3930(販売部)
	03-5643-3885(出版部)
	振替口座　00180-6-46620
	http://www.bbm-japan.com/
印刷・製本	大日本印刷株式会社

スタッフ

撮　影	矢野寿明
編集統括	西垣成雄
制　作	株式会社サンポスト(http://www.sunpost.co.jp)
デザイン	柳谷和志、キムコンニブ、小林由喜、扇原直子
イラスト	SoNo
編　集	入川 泉、林 真琴

© Takashi Nishikawa
Printed in Japan
ISBN 978-4-583-11181-0 C2075

※定価はカバーに表示してあります。
※本書の文章、写真、図版の無断転載を禁じます。
※本書を無断で複製する行為(コピー、スキャン、デジタルデータ化など)は、私的使用のための複製
など著作権法上の限られた例外を除き、禁じられています。業務上使用する目的で上記行為を行う
ことは、使用範囲が内部に限られる場合であっても私的使用には該当せず、違法です。また、私的使
用に該当する場合であっても、代行業者等の第三者に依頼して上記行為を行うことは違法となります。
※落丁・乱丁が万一ございましたら、お取り替えいたします。